À QUI SE FIER ?

Collection *Monde en cours*
Série *La petite boîte à outils*

Dans la même série :

Jean Viard, *Un nouvel âge jeune ? Devenir adulte en société mobile*

Ismail Ferhat, *Des discriminations sous-estimées ? Les musulmans en France*

Julien Damon, *Inconfinables ? Les sans-abri face au coronavirus*

Adeline Hazan, Adrien Taquet, *La prison, alpha et oméga de la punition ?*

Chloé Morin, Daniel Perron, *Être vieux : relégation ou solidarité ?*

Denis Maillard, *Indispensables mais invisibles ?*

www.editionsdelaube.com

ISBN 978-2-8159-4319-2

Antoine Bristielle

À qui se fier ?

De la crise de confiance institutionnelle à la crise sanitaire

éditions de l'aube
fondation jean-jaurès

Introduction

Une même épidémie, une multitude de réponses

Confinement strict et obligation de remplir une attestation de déplacement en France, avec néanmoins la possibilité de sortir faire son jogging, contrairement au cas de l'Espagne. Déconfinement dès le 20 avril 2020 en Allemagne contre le 11 mai en France. Aucun confinement obligatoire en Norvège, en Suède et en Finlande. Appel à la seule responsabilité des Néerlandais contre une amende de 400 euros en Italie pour qui dérogeait à l'obligation de rester chez soi. L'épidémie de Covid-19 a touché tous les pays européens, certes de manière différente, mais tous ont été exposés au risque d'une augmentation exponentielle des contaminations, des admissions en réanimation et *in fine* du nombre de morts. Devant une telle situation, l'espoir d'une réelle concertation au niveau européen concernant les mesures à prendre a rapidement relevé de la chimère. Chaque pays a décidé par lui-même de celles qu'il jugeait les plus adaptées pour juguler cette épidémie suscitant à la fois peur et incompréhension.

Qu'aucune réponse européenne n'ait été trouvée concernant les mesures sanitaires à adopter étonne finalement peu, les institutions européennes n'étant pas adaptées à la concertation dans l'urgence. Néanmoins, même si aucune décision commune n'a été prise, nous aurions pu nous attendre à une gestion de l'épidémie relativement similaire entre voisins européens : tous les pays étaient confrontés au même virus et donc au même risque d'une augmentation importante de la mortalité. Or, les mesures prises dans les divers pays européens – que ce soit lors de la première vague de l'épidémie ou durant tout l'été 2020, lorsque la dynamique épidémique s'est atténuée – ont été profondément différentes.

Sur cet aspect, le travail titanesque accompli par l'université d'Oxford est d'une aide précieuse. Plusieurs dizaines de chercheurs se sont employés à recenser l'ensemble des dispositions prises au jour le jour dans chaque pays du monde pour lutter contre l'épidémie de Covid-19[1]. Lorsqu'on explore en détail ces données, on constate rapidement que les différences entre les réponses au niveau européen ont été considérables.

---

1. Le projet s'intitule Coronavirus Government Response Tracker et les différentes données sont accessibles en ligne sur le site de l'université d'Oxford.

Concentrons-nous sur la période allant du 15 février au 25 octobre 2020[1]. Les établissements scolaires sont restés fermés en totalité ou en partie de manière obligatoire 89 % de ce laps de temps en Espagne, 63 % en Allemagne, 52 % en France, 23 % en Finlande, 19 % en Islande et… 0 % en Suède. Autre exemple, toujours du 15 février au 25 octobre, l'Espagne a imposé un confinement, au moins partiel, 40 % de la période, la France 25 %, les Pays-Bas 19 %, l'Allemagne 18 %, tandis qu'aucun confinement n'était instauré dans les pays nordiques.

Ainsi, la gestion de l'épidémie par nos voisins européens a été profondément inégale. Comment expliquer ces différences majeures ? L'explication la plus logique serait de dire que les pays n'ont pas été

1. Ce sera notre période de référence dans l'ensemble de l'ouvrage.

touchés de la même manière : les plus atteints ont mis en place les mesures les plus drastiques quand les nations davantage épargnées ont pu se permettre d'opter pour des dispositions plus laxistes.

Cette explication est loin d'être satisfaisante. Prenons un exemple. Au Portugal, les obligations de fermeture totale ou partielle des établissements scolaires ont couru durant 67 % de la période, alors que la mortalité s'établissait à 207 morts pour 100 000 habitants. Aux Pays-Bas, la mortalité a été quasiment deux fois supérieure (390 morts pour 100 000 habitants), mais les écoles n'ont été fermées que durant 36 % de la période ! Un autre exemple est celui ô combien emblématique des masques de protection. Ont-ils été rendus obligatoires dans les pays les plus touchés par l'épidémie ? Absolument pas. Contrairement à ce que l'on pourrait penser, il n'existe aucune corrélation statistique entre l'importance de l'épidémie et l'obligation de porter le masque. Ainsi, cette dernière a été en vigueur en Grèce, au moins dans certaines conditions, durant 66 % de la période, avec un taux de mortalité lié au Covid-19 finalement assez faible, de 45 pour 100 000. En Irlande, le taux de mortalité était plus de huit fois supérieur à celui de la Grèce, mais le masque n'a été rendu obligatoire que durant 40 % de la période.

Il faut donc remettre en cause une vision selon laquelle les gouvernements auraient agi uniquement en fonction de la réalité de l'épidémie. D'autres facteurs viennent expliquer les mesures complètement différentes qu'ils ont prises. C'est ce que nous allons montrer dans le prochain chapitre.

Chapitre 1
La confiance institutionnelle comme facteur explicatif des réponses gouvernementales

Prenons les données collectées par l'université d'Oxford sur les différents types de mesures prises par les pays européens. Considérons l'ensemble de celles qu'un gouvernement peut adopter pour tenter de juguler l'épidémie : fermeture d'écoles, télétravail, interdiction des rassemblements publics, arrêt des transports collectifs, suppression des flux internationaux de voyageurs, port du masque. En les compilant, on peut créer un indicateur synthétique de la réponse des gouvernements à l'épidémie, ce qui est extrêmement intéressant pour comprendre comment ceux-ci ont réagi à cette situation inédite.

Que constate-t-on ? En France, durant 25 % de la période que nous étudions (du 15 février au 25 octobre 2020), aucune mesure n'a été prise. Ce pourcentage est de 30 % en Allemagne et de 53 % en Suède. Si l'on se fie uniquement à ces chiffres, on pourrait en déduire que la Suède a fait le choix de prendre beaucoup moins de mesures que ses voisins européens. Mais lorsque l'on élargit la focale, on constate des chiffres similaires dans d'autres pays européens : la Croatie et la Slovénie ont vécu 46 % de la période sans aucune mesure, la Norvège pendant 50 % et l'Estonie durant 56 % de la période…

La différence fondamentale ne réside pas tant dans le fait d'avoir pris ou non des mesures, mais dans le type de mesures qui ont été adoptées. Certains pays ont fait le choix de miser sur la responsabilité individuelle pour tenter de juguler l'épidémie, et non pas uniquement sur l'instrument régalien. Comme l'explique un groupe de chercheurs, la stratégie suédoise a consisté à déléguer la politique sanitaire à chaque citoyen[1] : le télétravail était encouragé et, même si de nombreux lieux de vie restaient ouverts, les Suédois étaient fortement incités à respecter la distanciation sociale. Cette stratégie se voit clairement dans les chiffres : lorsque la France a pris des mesures, celles-ci étaient coercitives sur 74 % de la période. C'était également

---

1. Peter Esaiasson, Jacob Sohlberg, Marina Ghersetti et Bengt Johansson, « How the coronavirus crisis affects citizen trust in government institutions and in unknown others. Evidence from the "Swedish Experiment" », *European Journal of Political Resarch*, septembre 2020.

le cas durant 91 % de la période en Allemagne et jusqu'à 95 % en Slovénie. Au nord de l'Europe, la situation est complètement différente, les pays combinant largement les dispositions coercitives à des mesures simplement incitatives.

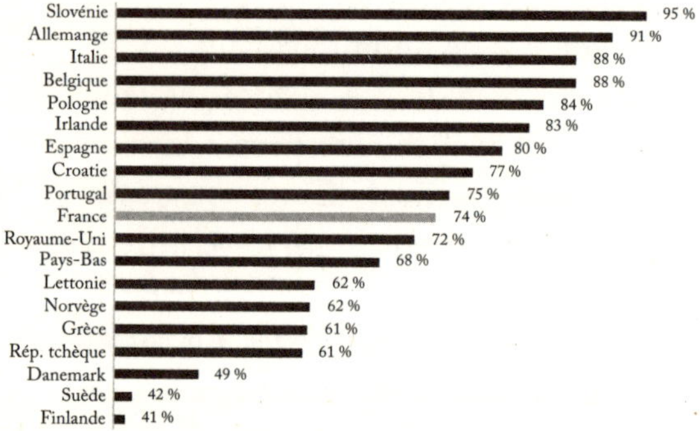

Graphique 1.
Part des mesures coercitives dans les réponses gouvernementales européennes à l'épidémie du 15 février au 25 octobre 2020

Ce n'est donc pas tant le niveau des mesures prises qui différencie les pays nordiques, mais leur type. Alors que beaucoup de gouvernements ont adopté des réglementations très strictes pour lutter contre l'épidémie (en témoigne l'obligation de sortir de son domicile muni d'une attestation de déplacement), d'autres ont misé également sur les recommandations, et donc sur la responsabilité individuelle. Lorsque le gouvernement danois a pris des mesures, elles se sont fondées uniquement sur des recommandations pendant 51 % de la période, et même jusqu'à 59 % de la période en Finlande, des chiffres comparables, voire supérieurs à ce que l'on a constaté en Suède.

Dès lors, une question essentielle demeure : pourquoi certains pays ont-ils choisi de ne miser que sur la responsabilité individuelle quand d'autres ont fait appel à la force de la loi pour garantir le respect de la politique sanitaire ? Des chercheurs de l'université de Leyde aux Pays-Bas insistent sur un facteur essentiel, celui de la confiance dans les institutions du pays, et notamment politiques[1]. Plus les niveaux de confiance institutionnelle étaient élevés, moins les pays ont pris des mesures législatives afin de lutter contre le Covid-19, pour au contraire davantage miser sur de simples recommandations. Et cela se remarque lorsqu'on généralise ce constat en utilisant les données de l'université d'Oxford et le niveau de confiance dans les institutions politiques dans les différents pays européens juste avant l'épidémie.

1. Dimiter Toshkov, Kutsal Yesilkagit et Brendan Carroll, *Government Capacity, Societal Trust or Party Preferences? What Accounts for the Variety of National Policy Responses to the Covid-19 Pandemic in Europe?*, université de Leyde, avril 2020.

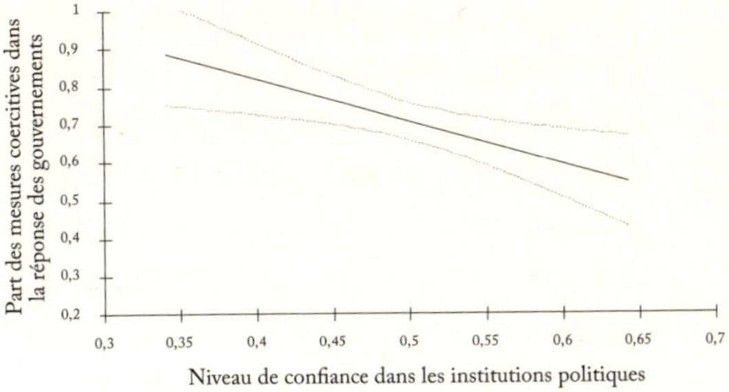

Graphique 2.
Effet de la confiance institutionnelle sur le type de réponse des gouvernements européens à la crise sanitaire du 15 février au 25 octobre 2020[1]

1. Les données concernant la confiance dans les institutions politiques proviennent de l'enquête comparative « European Values Study ». Cette enquête quantitative est menée dans quasiment chaque pays européen par un collectif de chercheurs afin de comprendre comment évolue le positionnement politique et social des Européens sur un ensemble de sujets. Les données et les analyses qui en résultent sont accessibles en ligne sur le site de l'« European Values Study ».

Dans le graphique 2, la droite continue représente la relation linéaire, au niveau de l'ensemble des pays européens, entre la part des mesures coercitives dans la réponse des gouvernements et le niveau de confiance dans les institutions politiques. Les courbes en pointillé représentent l'intervalle de confiance statistique associé à la relation linéaire. Comme nous le voyons, plus le niveau de confiance dans les institutions politiques était élevé, plus les gouvernements ont misé sur des recommandations plutôt que sur des obligations.

Cela ne signifie pas que ces gouvernements bénéficiant d'une confiance forte ne se soucient pas de la sécurité sanitaire de leurs citoyens. Cela veut dire au contraire qu'ils pensent que les simples recommandations seront suffisantes pour que les mesures soient acceptées. À l'inverse, dans les pays d'Europe où la confiance institutionnelle est faible, les gouvernements jugent que seules des mesures coercitives permettront de garantir le respect des restrictions sanitaires.

Si l'intention de miser sur la responsabilité individuelle est noble, fonctionne-t-elle ? Le respect des mesures sanitaires est-il plus important lorsque les niveaux de confiance institutionnelle sont plus élevés ? Et, *in fine*, ceux-ci permettent-ils de limiter le nombre de morts ? C'est ce que nous allons à présent étudier.

Chapitre 2

L'impact de la confiance institutionnelle sur le respect des mesures sanitaires et la mortalité

Les gouvernements dans lesquels les niveaux de confiance institutionnelle étaient les plus élevés ont fait le pari que de simples recommandations seraient suffisantes pour que les mesures sanitaires soient respectées. Même risqué, ce calcul pouvait tout à fait se comprendre. De précédents travaux avaient en effet montré dans plus de trente pays européens qu'il existe un lien fort entre de médiocres niveaux de confiance institutionnelle et l'acceptation des comportements délictueux. Moins un individu a confiance dans les institutions de son pays, plus il va avoir tendance à considérer que ceux-ci sont acceptables. Et entre accepter un tel comportement et l'adopter soi-même, il n'y a bien souvent qu'un pas[1].

Ce lien entre confiance et respect des mesures se constate largement dans les périodes de crise sanitaire. Prenons le cas du virus Ebola au Liberia. Une étude avait établi l'impact de la défiance institutionnelle sur la propagation de l'épidémie. Les personnes n'ayant pas confiance dans les institutions de leur pays ne suivaient pas les recommandations sanitaires. Plus une personne éprouvait de la défiance, plus elle

---

1. Sofie Marien et Marc Hooghe, « Does political trust matter? An empirical investigation into the relation between political trust and support for law compliance », *European Journal of Political Research*, vol. 50, n° 2, 2011, p. 267-291.

avait tendance à refuser de suivre les mesures de précaution contre le virus dans son logement et à ne pas respecter la distanciation sociale[1]. Autre exemple du même type, celui de la grippe H1N1. Une étude italienne a montré que le respect des gestes barrières était fortement corrélé à la confiance dans les institutions du pays[2]. Ainsi, les gouvernements bénéficiant de niveaux de confiance importants pouvaient se fonder sur quelques éléments concrets lorsqu'ils ont décidé au

---

1. Robert A. Blair, Benjamin S. Morse et Lily L. Tsai, « Public health and public trust: Survey evidence from the Ebola Virus Disease epidemic in Liberia », *Social Science & Medicine*, vol. 172, 2017, p. 89-97.
2. Gabriele Prati, Luca Pietrantoni et Bruna Zani, « Compliance with recommendations for pandemic influenza H1N1 2009: the role of trust and personal beliefs », *Health Education Research*, vol. 26, n° 5, 2011, p. 761-769.

cours de l'épidémie actuelle d'en appeler essentiellement à la responsabilité individuelle.

Mais cela a-t-il marché ? Regardons tout d'abord l'impact de la confiance institutionnelle sur la limitation des déplacements durant la première phase de l'épidémie. Une première étude européenne montre que les pays dans lesquels les citoyens ont le plus limité leurs déplacements non essentiels sont ceux où les niveaux de confiance institutionnelle étaient les plus importants[1]. Même phénomène aux États-Unis à l'échelle de chaque comté : plus le taux de confiance institutionnelle était élevé, plus les personnes restreignaient leurs

1. Olivier Bargain et Ulugbek Aminjonov, « Trust and compliance to public health policies in times of COVID-19 », *IZA Discussion Paper Series*, IZA Institute of Labor Economics, mai 2020.

déplacements, et ce, même après le confinement[1].

Concernant le respect des gestes barrières, on constate des résultats relativement similaires. Des chercheurs allemands ont tenté de comprendre pourquoi certaines personnes se pliaient à cette contrainte et aux différentes mesures de distanciation sociale alors que d'autres, non[2]. À nouveau, les résultats sont sans appel : plus un individu a confiance dans les institutions politiques et médicales de son pays, plus il va respecter les gestes barrières

1. Abel Brodeur, Idaliya Grigoryeva et Lamis Kattan, « Stay-at-home orders, social distancing and trust », *IZA Discussion Paper Series*, IZA Institute of Labor Economics, mai 2020.

2. Simone Dohle, Tobias Wingen et Mike Schreiber, *Acceptance and Adoption of Protective Measures During the Covid-19 Pandemic: The Role of Trust in Politics and Trust in Science*, 2020.

prescrits par ces institutions. Si l'on regarde en France l'impact de la confiance dans les institutions sur le respect des préconisations sanitaires telles que le port du masque, les résultats vont dans le même sens. Plus les personnes ont confiance dans les institutions politiques, plus elles ont tendance à considérer que le port du masque est quelque chose de nécessaire. De la part des pays bénéficiant de forts niveaux de confiance institutionnelle, le fait de miser sur cet aspect était donc pertinent. Les mesures n'y ont pas été moins bien respectées, au contraire.

Est-il possible d'aller plus loin dans le raisonnement ? Les niveaux de confiance institutionnelle ont-ils également joué sur la dynamique de l'épidémie et sur la mortalité ? Deux études tendent à prouver que c'est bel et bien le cas. La première, menée par une équipe de chercheurs finlandais, montre que les pays ayant des niveaux de confiance institutionnelle plus importants ont connu des taux de mortalité liés au Covid-19 beaucoup plus faibles que ceux de leurs voisins européens, tout simplement parce que les citoyens y respectaient beaucoup plus les gestes barrières[1]. Une seconde étude menée par un collectif de chercheurs canadiens confirme ces résultats, mais avec un spectre bien plus large : 84 pays[2]. Tout son intérêt réside dans son raisonnement « toutes choses égales par ailleurs »

---

1. Atte Oksanen, Markus Kaakinen, Rita Latikka *et al.*, « Regulation and trust: 3-month follow-up study on Covid-19 mortality in 25 European countries », *JMIR Public Health and Surveillance*, vol. 6, n° 2, 2020.
2. Frank J. Elgar, Anna Stefaniak et Michael J. A. Wohl, « The trouble with trust: Time-series analysis of social capital, income inequality, and Covid-19 deaths in 84 countries », *Social Science & Medicine*, vol. 263, septembre 2020.

qui prend en compte à la fois la taille de la population de chaque pays, son âge moyen, sa richesse et le niveau des inégalités. Même lorsqu'on neutralise l'impact de ces différents facteurs, on retrouve l'effet de la confiance institutionnelle. Plus les niveaux de celle-ci sont élevés, plus le respect des gestes barrières est important et plus le taux de mortalité est faible.

Alors bien sûr, il ne s'agit pas de prétendre ici que la confiance institutionnelle est le seul élément permettant de prédire le respect des mesures sanitaires décidées par les différents gouvernements. La peur de l'épidémie a par exemple joué un rôle décisif, favorisant assez logiquement ce respect des restrictions lorsqu'elle atteignait un haut niveau. C'est ce que montre l'étude de chercheurs du Cevipof de Sciences Po[1],

1. Sylvain Brouard, « Respect des consignes sanitaires : évolutions et déterminants »,

et cela se comprend aisément. Le fait de craindre pour sa santé ou celle de ses proches incite à suivre les mesures sanitaires, que celles-ci soient de l'ordre des simples recommandations ou qu'il s'agisse d'obligations.

De même, d'autres facteurs que la confiance des citoyens dans leurs institutions ont indéniablement influencé le niveau de mortalité : l'âge, le niveau des différents facteurs de comorbidité, l'état du système hospitalier et même le niveau des inégalités sociales[1]. Il n'empêche que la confiance dans les institutions a bel et bien joué un rôle déterminant, à la fois dans le type de mesures qui ont été mises en place – c'est ce que nous avons montré dans le premier chapitre – et dans leur

---

Attitudes towards Covid-19 – A comparative study, Sciences Po Cevipof, note 12, novembre 2020.

1. Frank J. Elgar, Anna Stefaniak et Michael J. A. Wohl, *art. cit.*

succès ou leur échec. Plus les niveaux de confiance étaient élevés, plus les gouvernements ont fondé leur stratégie sur des recommandations, et non sur des obligations.

Lorsqu'on prend en compte l'ensemble des pays européens, il apparaît que miser sur le civisme et la confiance mutuelle entre la population et le gouvernement pour suivre les recommandations a été bénéfique dans les pays à hauts niveaux de confiance institutionnelle. C'est en effet là que les mesures ont été les mieux respectées et que les taux de mortalité ont été les plus faibles. À cet égard, le cas particulier de la Suède doit être évoqué. Quand les pays à hauts niveaux de confiance institutionnelle assortissaient leurs recommandations de multiples rappels concernant la mortalité du virus, le gouvernement suédois a fortement minimisé dans son discours la dangerosité du virus en tablant sur une chimérique recherche de l'immunité collective de la population. Cela s'est d'ailleurs soldé par une mortalité bien plus importante que chez ses voisins nordiques. Miser sur la responsabilité individuelle est payant uniquement à condition que le gouvernement fasse également preuve de responsabilité dans son discours[1].

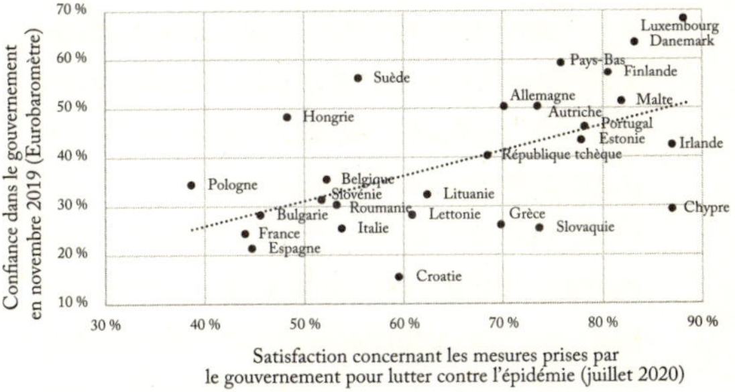

Graphique 3.
Lien entre la confiance dans chaque gouvernement européen avant l'épidémie et la satisfaction concernant les mesures gouvernementales après la première vague

1. Anne-François Hivert, « Covid-19 : la stratégie suédoise remise en cause », *Le Monde*, 17 décembre 2020.

Et pour boucler la boucle, regardons maintenant la satisfaction des citoyens des différents pays européens concernant les mesures prises par leur gouvernement une fois la première vague de l'épidémie terminée. Encore une fois, l'impact de la confiance institutionnelle est manifeste, comme on le voit dans le graphique 3. Plus les citoyens avaient confiance dans leur gouvernement avant l'épidémie, plus ils ont été satisfaits de la façon dont il a géré la crise.

C'est donc un point majeur aux conséquences considérables : la question de la confiance est circulaire. Quand les pays connaissent des niveaux de confiance institutionnelle élevés, c'est un cercle vertueux qui se met en place : ils peuvent se permettre de miser sur les recommandations plus que sur les mesures coercitives, celles-ci sont particulièrement bien respectées et cela se traduit par une mortalité plus faible et par une plus grande satisfaction dans l'action des différentes institutions politiques. Au contraire, lorsque le niveau de confiance dans les institutions politiques était faible avant le commencement de l'épidémie, on observe un cercle vicieux. Dans ces conditions, les gouvernements se sont sentis dans l'obligation de mettre en place des mesures coercitives, qui ont pourtant été moyennement respectées. Cela a entraîné des niveaux de mortalité plus élevés et une satisfaction plus faible concernant la manière dont le gouvernement a géré la crise sanitaire.

Nous le voyons, la confiance dans les institutions, notamment politiques, est un point fondamental, dont nous mesurons l'influence dans le contexte exceptionnel de l'épidémie de Covid-19. En matière de confiance institutionnelle, justement, comment se situe la France par rapport à ses voisins européens ? Et comment cette confiance évolue-t-elle ?

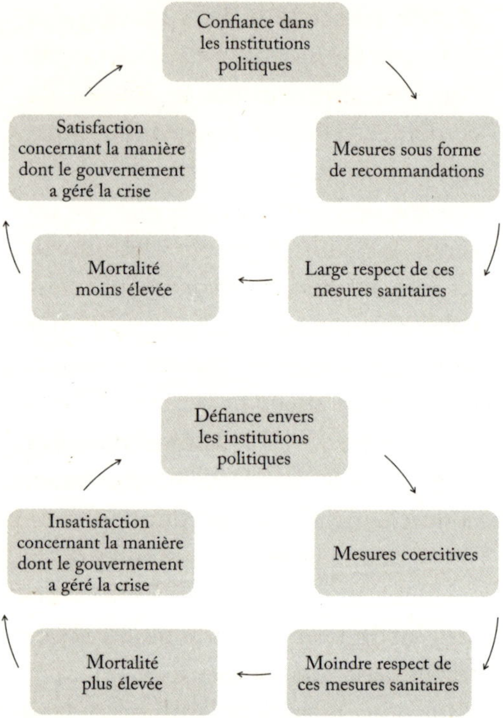

Graphique 4.
Cercle vertueux et cercle vicieux de la confiance institutionnelle en contexte de crise sanitaire majeure

Chapitre 3
Une défiance institutionnelle bien française

La question de la confiance institutionnelle constitue un problème majeur dans notre pays. D'une part, selon les données de l'enquête « Fractures françaises », seuls 29 % des Français déclarent avoir confiance dans les députés et les sénateurs, 36 % dans la présidence de la République et 11 % dans les partis politiques, autant de chiffres montrant la mauvaise santé actuelle de notre démocratie[1].

---

1. Brice Teinturier, Mathieu Gallard et Laurène Boisson, « Fractures françaises 2020.

Lorsqu'on compare avec nos voisins européens, la différence est manifeste, comme le montre le graphique 5. Notre confiance politique se rapproche beaucoup de celle de pays d'Europe du Sud (Espagne, Italie) ayant connu une histoire politique extrêmement tumultueuse ces dernières décennies. Pire, nous apparaissons assez proches en matière de confiance institutionnelle de pays d'Europe centrale dont les institutions sont tout sauf stables. À l'inverse, nous sommes assez éloignés de nos voisins d'Europe de l'Ouest et d'Europe du Nord manifestant, eux, des niveaux de confiance institutionnels élevés.

Vague 8 », Ipsos/Sopra Steria pour *Le Monde*, Fondation Jean-Jaurès et Institut Montaigne, 2020.

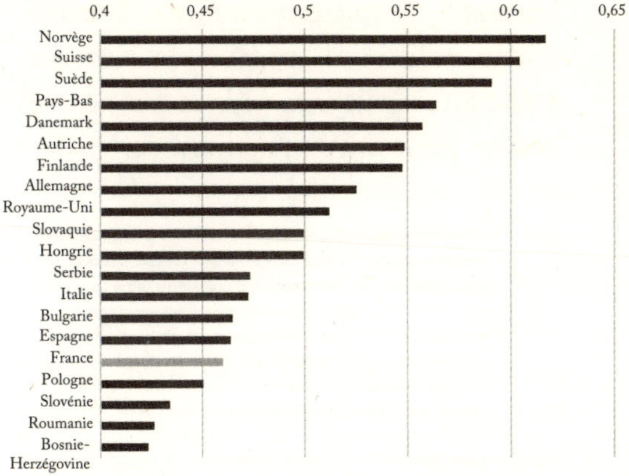

Graphique 5. Échelle de la confiance politique dans différents pays européens en 2017[1]

D'autre part, c'est bien au niveau des seules institutions politiques que le problème se situe. Quand on compare les niveaux de confiance concernant

1. Échelle additive de la confiance dans les partis politiques et dans le gouvernement national à partir des données de l'« European Value Study ».

d'autres institutions non directement politiques, comme le système judiciaire *(graphique 6)*, la France se trouve bien mieux positionnée.

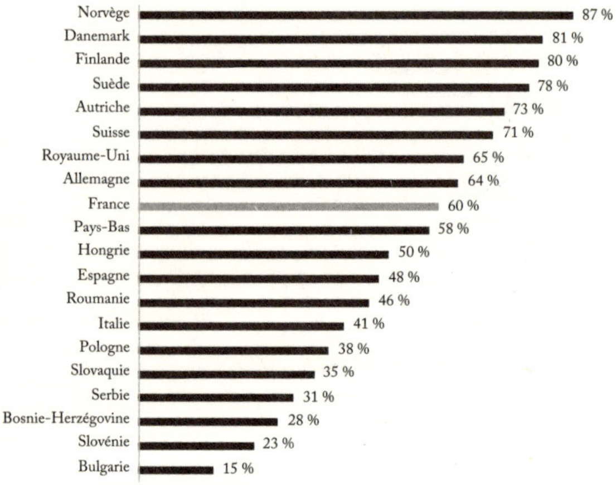

Graphique 6. Confiance dans le système judiciaire dans différents pays européens en 2017

De même, ce ne sont pas les niveaux de confiance interpersonnelle qui viennent distinguer les Français des autres pays européens. Lorsqu'on crée une échelle de la confiance interpersonnelle synthétisant la confiance dans la famille, les voisins, les gens connus personnellement, les personnes rencontrées pour la première fois, celles d'une autre religion ou d'une autre nationalité, on constate assez rapidement que la France se situe dans la moyenne. Nous restons certes assez loin des pays nordiques, mais largement dans la moyenne européenne, et même à un niveau supérieur à celui de notre voisin allemand.

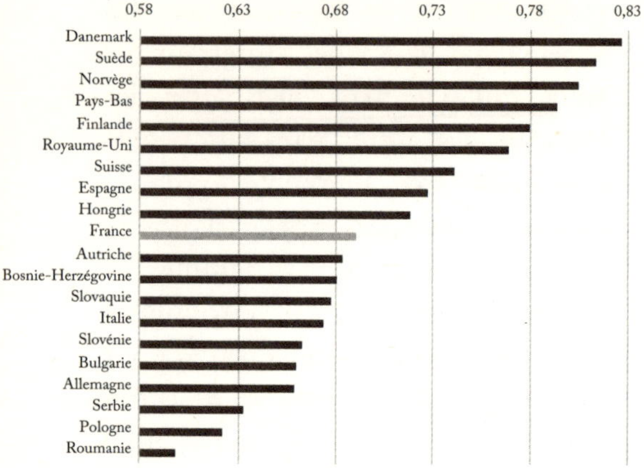

Graphique 7.
Échelle de la confiance interpersonnelle dans les différents pays européens en 2017

Le problème principal de la France concerne bien uniquement la défiance dans les institutions politiques. Cela pourrait nous inciter à un certain optimisme, mais ce dernier ne résiste pas à l'analyse. Tout d'abord, la confiance dans les institutions politiques est décisive pour susciter l'adhésion aux différentes politiques, notamment sanitaires. C'est bien en fonction d'elle que les gouvernements ont arbitré entre simples recommandations et mesures plus liberticides.

Par ailleurs, et c'est le second point noir, cette confiance des Français dans leurs institutions politiques a fortement baissé depuis une vingtaine d'années. Le graphique 8 le montre bien. Même si des effets liés aux périodes électorales sont visibles, globalement, la confiance dans les partis politiques et dans le gouvernement est en nette chute.

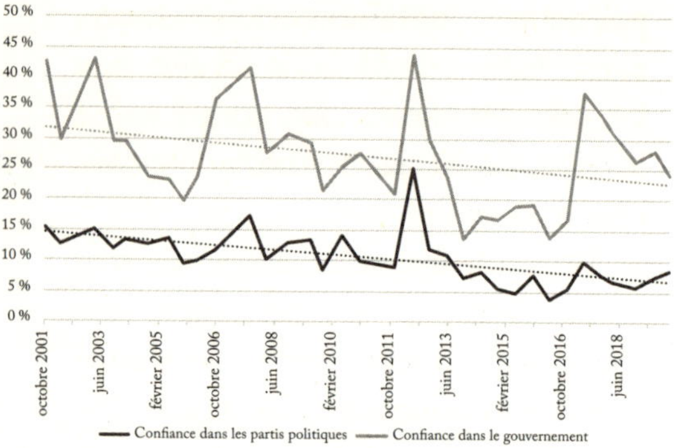

Graphique 8.
Évolution de la confiance des Français envers les partis politiques et le gouvernement de 2001 à 2019[1]

Des résultats similaires sont constatés par les chercheurs du Cevipof de Sciences Po Paris. Selon son Baromètre de la confiance

1. Données issues des Eurobaromètres semestriels de la Commission européenne. L'objectif des Eurobaromètres est de mesurer tous les six mois l'évolution de l'opinion des citoyens européens.

politique publié chaque année, entre 2009 et 2020, la confiance dans l'Assemblée nationale est passée de 39 % à 26 %, et la confiance dans l'institution présidentielle de 34 % à 25 %. Cette baisse concerne surtout les catégories populaires, alors que les pourcentages sont restés stables dans les catégories moyennes et supérieures.

Il est également assez intéressant de constater que l'augmentation de la défiance envers les institutions politiques en France est assez similaire à celle observée dans d'autres pays du sud de l'Europe. À l'inverse, la confiance dans les institutions politiques a largement tendance à augmenter dans ceux du nord de l'Union européenne[1]. Preuve encore une fois que les

---

1. Marta Kolczynska, Paul-Christian Bürkner, Lauren Kennedy et Aki Vehtari, « Trust in state institutions in Europe, 1989-2019 », *SocArXiv*, 11 août 2020.

dynamiques institutionnelles peuvent autant consister en un cercle vertueux qu'en un cercle vicieux. Or, comme nous allons le voir dans le prochain chapitre, les effets néfastes de la défiance institutionnelle dépassent largement le cadre sanitaire.

Chapitre 4

La défiance institutionnelle, une maladie aux multiples effets délétères

Dans le contexte de l'épidémie de Covid-19, la défiance envers les institutions politiques s'est révélée particulièrement nocive. Mais ce n'est malheureusement pas le seul moment où elle pose problème. Prenons tout d'abord le cas du mouvement des « gilets jaunes » à l'automne 2018. Au départ, il a été perçu comme une sorte de jacquerie et comme la simple contestation d'une nouvelle taxe sur les carburants. Puis, rapidement, il a débordé de son cadre initial pour muter vers une réclamation beaucoup plus globale de justice sociale, ainsi que vers une demande d'horizontalité dans les prises de décision politiques, que devait garantir l'instauration d'un référendum d'initiative citoyenne.

Il faut par ailleurs bien se rendre compte de l'ampleur et de l'exceptionnelle longévité de ce mouvement, qui ne peut être réduit aux manifestations parfois extrêmement violentes qui ont eu lieu à Paris. Dans les premières semaines du mouvement, 20 % des Français se déclaraient « gilets jaunes » et 50 % disaient les approuver sans participer directement. Ou, pour le dire autrement, 70 % des Français le soutenaient de près ou de loin[1]. Deux ans plus tard, et donc après les nombreux heurts ayant émaillé les manifestations, ce qui

1. Sondages Ifop « Les Français et le mouvement des Gilets jaunes » réalisés en décembre 2018 et en septembre 2020.

entraîne habituellement une baisse drastique du soutien de la population, ce mouvement désormais plus symbolique qu'autre chose bénéficie toujours d'une large sympathie : 10 % des Français se disent « gilets jaunes » et 40 % déclarent les soutenir de loin. À l'heure actuelle, la France est donc toujours à moitié « gilet jaune ».

Or, ce mouvement se caractérise par son caractère profondément « populiste ». Médiatiquement, ce terme a une connotation négative. Il est bien souvent synonyme de démagogie et sert à disqualifier celui qui est affublé de ce qualificatif. Il correspond pourtant à un phénomène bien réel au sein de la population, observé et théorisé depuis plusieurs années par de nombreux chercheurs en science politique[1].

1. Cas Mudde, « The Populist Zeitgeist », *Government and Opposition. An International Journal of Comparative Politics*, vol. 39, n° 4, p. 541-563 ; Agnes Akkerman, Cas Mudde

Cette notion désigne le fait qu'une nouvelle opposition viendrait scinder la population entre le peuple, considéré par essence comme vertueux, et des élites – politiques, médiatiques, économiques – jugées corrompues. Dans ces conditions, toutes les formes de délégation de pouvoir à des élus sont regardées avec beaucoup de suspicion, dans la mesure où ces élus sont justement considérés comme peu dignes de confiance. Il n'est donc pas étonnant de voir que le référendum d'initiative citoyenne, donnant à la population la possibilité de participer directement à la procédure législative sans en passer par des représentants, a été un point central des revendications des « gilets jaunes ».

---

et Andrej Zaslove, « How populist are the people? Measuring populist attitudes in voters », *Comparative Political Studies*, vol. 47, n° 9, 2014, p. 1324-1353.

En effet, ces derniers n'ont pas seulement demandé davantage d'égalité et de justice sociale, ils ont rapidement exigé la mise en place d'un système politique plus horizontal, plus participatif, qui associerait directement les citoyens à l'exercice du pouvoir et de la démocratie. Dans ce mouvement, les classes populaires et la frange la plus modeste des classes moyennes se sont massivement mobilisées. D'une manière plus frappante encore, on y a retrouvé de nombreuses personnes peu politisées, pour qui cette mobilisation constituait une grande première.

Comment ne pas faire le lien entre ce rejet viscéral des élites et la défiance envers les institutions ? Entre cette volonté manifeste du « peuple » de reprendre son destin politique en main et la méfiance massive envers les institutions politiques telles qu'elles fonctionnent aujourd'hui ? 88 % des citoyens soutenant le mouvement des « gilets jaunes » étaient fortement favorables à la démocratie directe, et donc à une refondation des institutions politiques, ce qui n'était le cas que pour 37 % des Français ne soutenant pas le mouvement[1].

Les « gilets jaunes » ne sont pas les seuls à manifester une forte défiance envers les institutions hors période de crise sanitaire. Celle-ci s'observe aussi chez les abstentionnistes. En dehors du premier tour de l'élection présidentielle, qui demeure très épargné par ce phénomène, on constate globalement une montée impressionnante de l'abstention électorale depuis maintenant plusieurs décennies, si bien que les représentants sont désormais élus par une fraction marginale du corps électoral.

1. Luc Rouban, *La Matière noire de la démocratie*, Paris, Presses de Sciences Po, 2019.

Ce vote intermittent est particulièrement déstabilisant pour la démocratie car, dans de telles conditions d'élection, il remet nettement en cause la légitimité du personnel politique et celle des décisions prises. Or, à nouveau, on retrouve l'influence de la défiance dans les institutions politiques sur le fait de participer ou non aux différentes élections. Prenons l'exemple du second tour de l'élection présidentielle de 2017. Comme on peut le voir sur le graphique 9, le niveau de défiance institutionnelle était plus important chez les personnes qui ont refusé de participer à l'élection que chez ceux qui ont voté. Là encore, la défiance institutionnelle a bien une influence particulièrement néfaste sur notre société.

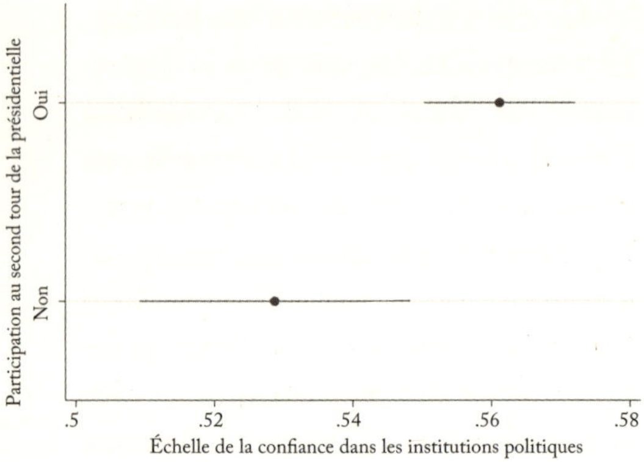

Graphique 9.
Lien entre l'abstention au second tour de l'élection présidentielle de 2017 et la confiance dans les institutions politiques en France

Mais revenons à notre sujet de départ, l'épidémie de Covid-19. L'arrivée d'un vaccin pour lutter contre le virus a constitué un événement tout à fait singulier. Alors que, dans le reste du monde, les annonces des différents laboratoires concernant les succès des dernières phases d'essais cliniques suscitaient un mélange de soulagement, de joie et d'impatience, les Français ont paru recevoir la nouvelle avec beaucoup de scepticisme. Les enquêtes d'opinion comparatives le montrent : en octobre 2020, seuls 54 % des Français ont déclaré qu'ils accepteraient de se faire vacciner, quand ce chiffre montait à 69 % en Allemagne, à 79 % au Royaume-Uni et jusqu'à 87 % en Inde. Même aux États-Unis, le taux de consentement au vaccin était supérieur de dix points à celui observé au même moment dans l'Hexagone[1].

Symptôme de cette défiance, l'annonce de l'arrivée d'un vaccin a été largement concurrencée en France par la sortie du « documentaire » *Hold-Up*, rassemblant un ensemble hétéroclite de théories conspirationnistes au sujet du Covid-19 et

1. Nicolas Boyon, « Covid-19 vaccination intent is decreasing globally », Ipsos, 5 novembre 2020.

d'un potentiel vaccin. En l'espace de quelques jours, il a été visionné par plusieurs millions de Français. Bien sûr, il ne faudrait pas verser dans la caricature. Le refus de se faire vacciner dans l'immédiat exprimait souvent une crainte « de bonne foi » quant à des effets secondaires sur lesquels nous n'avons pas beaucoup d'informations[1]. Néanmoins, il est vrai que le phénomène complotiste, soit la conviction selon laquelle certains événements s'expliquent par une conspiration d'individus puissants cachés dans l'ombre, est particulièrement présent dans la période troublée que nous connaissons. Les études menées année après année par la Fondation Jean-Jaurès et Conspiracy Watch montrent qu'à peu près 20 % de la population française est extrêmement

1. Pour plus d'informations, voir Antoine Bristielle, *Vaccins : la piqûre de défiance*, Paris, Fondation Jean-Jaurès, novembre 2020.

perméable aux différentes théories conspirationnistes[1].

Pour de nombreux commentateurs politiques, leur diffusion serait liée à l'utilisation d'Internet et des réseaux sociaux, espaces particulièrement propices à la viralité de tels contenus. Une étude menée récemment vient nettement nuancer cette idée[2]. Certes, les réseaux sociaux jouent un rôle dans l'adhésion aux théories conspirationnistes, mais c'est également le cas de la télévision ! Cette étude montre qu'un autre facteur joue un rôle beaucoup plus important. À âge, sexe, niveau d'éducation, comportement politique et comportement médiatique

1. Rudy Reichstadt, *Enquête complotisme 2019 : les grands enseignements*, Paris, Fondation Jean-Jaurès, février 2020.

2. Se référer à Antoine Bristielle et Tristan Guerra, *Crise sanitaire, terrorisme et Donald Trump: un cocktail conspirationniste*, Paris, Fondation Jean-Jaurès, novembre 2020.

similaires, moins un individu a confiance dans les différentes institutions de son pays, plus il a tendance à adhérer aux théories complotistes *(graphique 10)*.

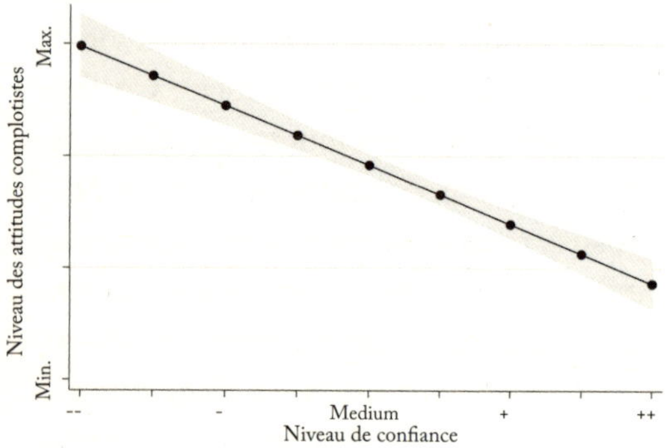

Grapique 10.
Effet de la défiance institutionnelle
sur les attitudes conspirationnistes en France

Pour le dire plus clairement : la lutte contre les théories du complot ne pourra être menée efficacement qu'en restaurant la confiance dans nos institutions, fortement délégitimées. Quand la défiance institutionnelle est manifeste, comment faire en sorte que la parole de ces institutions puisse apparaître comme légitime ? Si elle s'accroît encore, comme cela a été le cas ces dernières années, il y a toutes les raisons de penser que l'adhésion aux différentes théories du complot suivra la même évolution[1].

Mouvements anti-masque, anti-vaccin, multiplication des théories complotistes, l'épidémie de Covid-19 que nous traversons depuis un an a montré à quel point la défiance institutionnelle produisait des effets délétères. Mais ce problème dépasse largement le cadre de la pandémie actuelle : le mouvement des « gilets

1. Emily Pechar, Thomas Bernauer et Frederick Mayer, « Beyond Political Ideology: The Impact of Attitudes Towards Government and Corporations on Trust in Science », *Science Communication*, vol. 40, n° 3, 2018, p. 291-313.

jaunes », l'abstention électorale massive, tout cela est également la conséquence de la défiance massive, et grandissante, envers les institutions politiques de notre pays. D'où provient ce phénomène ?

Chapitre 5

D'où vient cette défiance institutionnelle ?

La défiance envers les institutions politiques est donc particulièrement vive en France et elle est clairement en augmentation depuis plusieurs décennies, ce qui renforce encore une fois son aspect problématique. Plusieurs éléments en sont à l'origine.

Les responsabilités de la classe politique

Disons-le sans ambiguïté, la classe politique a joué un rôle majeur dans le désenchantement institutionnel que nous constatons actuellement. De nombreuses études ont montré que, lorsque la conduite des représentants politiques n'est pas exemplaire, lorsque les mensonges s'accumulent, les résultats en matière de confiance ne tardent pas à en pâtir. Non seulement la confiance dans le personnel politique au pouvoir est profondément entamée, mais cette défiance rejaillit également sur les institutions.

Prenons le cas de Dominic Cummings, qui était jusqu'en novembre 2020 le conseiller principal de Boris Johnson au Royaume-Uni. Il s'était distingué lors du confinement, parcourant la moitié du pays sans aucune autorisation, et en compagnie de sa femme, qui était potentiellement atteinte du Covid-19. Pour le dire autrement, ce comportement était déjà irresponsable pour un citoyen ordinaire, il l'était encore plus pour un personnage politique de premier plan, se devant avant toute chose de montrer l'exemple. Or, cette attitude qui a scandalisé nos voisins britanniques n'a pas été un épiphénomène. Des chercheurs britanniques ont en effet mis en évidence un « effet Cumming[1] »: ils ont constaté qu'après ces révélations, la confiance de leurs concitoyens dans la capacité du gouvernement à gérer l'épidémie avait fortement et durablement baissé. L'absence d'exemplarité de la classe politique n'est donc pas sans conséquences !

Les scandales politiques – qui se sont par ailleurs multipliés – seraient ainsi un élément majeur pour expliquer la baisse de la confiance des citoyens envers les institutions

---

1. Daisy Fancourt, Andrew Steptoe et Liam Wright, « The Cummings effect: politics, trust, and behaviours during the Covid-19 pandemic », *The Lancet*, vol. 396, n° 10249, août 2020, p. 464-465.

politiques[1]. C'est là en effet que toute la problématique se situe lorsque des représentants politiques abusent de leur pouvoir. Ce n'est pas simplement leur carrière qui en pâtit, mais les institutions censées garantir l'exercice du bon déroulement démocratique.

Si le manque d'exemplarité au sein de la classe politique entraîne indéniablement une forte défiance envers les institutions politiques, il en est de même lorsque les représentants manquent de clarté et de cohérence dans leur action. Ainsi, dans le contexte de l'épidémie de Covid-19, les revirements incessants dans les

1. Tom van der Meer et Armen Hakhverdian, « Process, performance, and political trust. A cross-national study in 48 European countries on political trust as an evaluation of institutional quality and economic performance, and the supposedly moderating role of issue orientations », *Political Studies*, 2016.

déclarations, les recommandations, voire les obligations sont également à l'origine d'une baisse de la confiance des citoyens dans leurs institutions politiques. Cela se remarque encore une fois nettement au Royaume-Uni. L'annonce le 10 mai 2020 d'un déconfinement, considéré comme prématuré et contraire aux annonces faites quelques jours plus tôt, a suscité une incompréhension de la population et une baisse de la confiance dans les institutions politiques du pays, jugées incapables de gérer efficacement la situation sanitaire[1].

En France, l'impact du manque de clarté sur la confiance institutionnelle s'est particulièrement remarqué dans le contexte de l'épidémie de Covid-19 concernant la question des masques de protection. Alors que, dans les premières semaines de

1. Daisy Fancourt, Andrew Steptoe et Liam Wright, *art. cit.*

l'épidémie, leur port était déconseillé, il a quelques mois plus tard été finalement rendu obligatoire, d'abord en intérieur, puis également en extérieur. Si les revirements de politique peuvent se comprendre dans le contexte d'une épidémie au sujet de laquelle les connaissances évoluent au jour le jour, cette modification de la rhétorique gouvernementale a eu beaucoup de mal à passer dans la population, dans la mesure où il apparaissait pour beaucoup de personnes que la vraie raison de la non-recommandation du port des masques était leur pénurie.

Or, il est frappant de constater à quel point les opposants au port du masque manifestent des niveaux de défiance extrêmement élevés, non pas seulement envers le personnel politique au pouvoir, mais bel et bien à l'égard des principales institutions du pays. Chez les anti-masques, le taux de confiance dans l'institution présidentielle est de 6 %, celui dans les partis politiques de 2 %[1]. Les opposants au port du masque ne questionnent pas seulement un élément de la politique sanitaire décidée par les institutions politiques, ce sont ces institutions dans leur ensemble qu'ils remettent en cause.

Et il est indéniable que, sur ce sujet, les revirements gouvernementaux n'ont rien fait pour arranger la donne. Ces incohérences sont nettement pointées par les opposants au port du masque : « Le discours incohérent qui est tenu depuis le début de l'épidémie ne donne absolument pas confiance : au début de l'épidémie il ne servait à rien et en fin de pandémie il devient obligatoire », souligne l'un d'eux. « Un

1. Antoine Bristielle, *« Bas les masques ! » : sociologie des militants anti-masques*, Paris, Fondation Jean-Jaurès, septembre 2020.

masque interdit il y a quelques mois et rendu obligatoire maintenant ? De qui se moque-t-on ?! » renchérit un autre[1].

Bien sûr, il ne faudrait pas se méprendre sur ces propos et considérer que le manque de clarté, les incohérences qui ont pu exister dans la gestion de la crise sanitaire ont créé de toutes pièces des personnes défiantes. Ils contribuent cependant fortement à alimenter une méfiance latente, de la même manière que les responsables politiques manquant d'exemplarité.

Le rôle des médias

Depuis de nombreuses années, tout un ensemble de chercheurs

1. Pour plus d'informations sur la sociologie des militants anti-masques, se référer à *ibid.* Ces verbatims ont été collectés sur les groupes Facebook de militants anti-masques.

montrent que l'on assiste depuis plusieurs décennies à une transformation du traitement de l'information et de la politique vers une focalisation quasi exclusive sur la compétition politique au détriment des enjeux de fond[1]. La donne a en effet profondément changé lorsque la logique de spectacle a dépassé le cadre du pur divertissement pour venir empiéter sur des contenus politiques et informationnels jusque-là sacralisés. L'information télévisée est largement touchée par ce phénomène, la politique étant présentée comme un combat de personnes dans une logique de course de petits chevaux plutôt que comme un débat d'idées. Les représentants politiques

---

1. Voir Michael J. Robinson, « Public affairs television and the growth of political malaise: The case of "The Selling of the Pentagon"», *American Political Science Review*, vol. 70, n° 2, 1976, p. 409-432.

ont certes une responsabilité dans ce phénomène, et les bisbilles personnelles sont légion dans le monde politique. Néanmoins, celles-ci ont toujours existé et les journalistes ne s'abaissaient pas à les relayer avec autant de vigueur.

L'information généraliste est touchée par la même logique de spectacularisation. Symptôme le plus visible de ce phénomène, certaines chaînes d'info se sont spécialisées dans des « débats » contradictoires dont les chroniqueurs et les invités sulfureux n'hésitent pas à relativiser, voire relayer les propos les plus fallacieux. Comment ne pas lier la baisse de 20 points de confiance dans les institutions scientifiques constatée depuis le début de l'épidémie[1] à la mise en scène artificielle de controverses scientifiques sur les plateaux de télévision et à l'invitation de

1. Sylvain Brouard, *art. cit.*

chercheurs choisis pour leur seule capacité à « faire le buzz » et relayant erreur sur erreur ? Assez logiquement, la conséquence d'une telle évolution du traitement de l'information est une forme de cynisme grandissant au sein de la population et une défiance accrue, non pas seulement envers les responsables politiques, mais également à l'égard des institutions politiques.

La spécificité française : la problématique du système électoral

Comme nous l'avons dit dans le troisième chapitre, la France se singularise par des niveaux de confiance institutionnelle particulièrement faibles. Il existe donc bel et bien une spécificité française dont les causes méritent d'être analysées. Le système institutionnel et électoral semble jouer ici un rôle décisif. Plusieurs études montrent en effet que la défiance institutionnelle peut provenir du sentiment éprouvé par le citoyen que sa voix n'est pas suffisamment prise en compte dans les institutions, que le système électoral ne permet pas de faire en sorte que les élus soient suffisamment représentatifs du corps électoral. Ce phénomène se constate assez aisément : lorsque des partis populistes, rassemblant un nombre considérable de « défiants », arrivent au pouvoir, la confiance de ces électeurs populistes envers les institutions augmente. Au contraire, celle des électeurs des partis non populistes a tendance à baisser[1].

Dès lors, il existe bien un effet de la représentation : c'est le fait de ne pas se sentir représenté, d'avoir

1. Sergio Martini et Mario Quaranta, « Political support among winners and losers: Within- and between-country effects of structure, process and performance in Europe », *European Journal of Political Research*, vol. 58, n° 1, février 2019, p. 341-361.

l'impression que sa propre voix n'a aucun poids qui entraîne une plus grande défiance envers les institutions. Au contraire, lorsque les citoyens ont la sensation que leur voix est prise en compte, la confiance institutionnelle a tendance à augmenter.

Cette dernière conserve donc avant tout un aspect partisan, et cela s'est largement remarqué dès le début de la crise sanitaire lorsqu'on s'est intéressé à la confiance que les Français manifestaient dans le gouvernement pour faire face à l'épidémie. À peine 22 % des électeurs proches de La France insoumise et 20 % de ceux du Rassemblement national ont déclaré avoir confiance dans le gouvernement pour faire face efficacement au coronavirus, quand cette confiance se manifestait chez presque 90 % des sympathisants de La République en marche[1]. La meilleure explication de

1. Ifop, mars 2020.

la confiance politique est également la plus simple : elle est plus importante lorsque le parti que l'on a choisi se trouve au pouvoir que lorsqu'il en est écarté.

Or, en France, il existe un problème majeur de représentation du corps électoral. Tout d'abord, depuis la mise en place du quinquennat, le système s'est largement présidentialisé, les élections législatives étant devenues la chambre d'enregistrement de l'élection présidentielle survenue quelques semaines plus tôt. La focalisation sur cette élection, pierre angulaire du régime, produit des attentes démesurées envers un président aux marges de manœuvre pourtant limitées – et ce, malgré toute la rhétorique « jupitérienne » dont il peut faire usage. S'ensuivent un déclin de sa popularité rapidement après son entrée en fonction et le repli sur son cœur électoral du premier tour. Le scrutin uninominal majoritaire à deux tours pour élire le président de la République française est par ailleurs très problématique, puisqu'il peut permettre à celui-ci d'arriver au pouvoir en bénéficiant d'une adhésion extrêmement faible de la population.

Pour comprendre la faible confiance dont pâtissent les différents exécutifs français, il faut se rappeler par exemple que l'élection d'Emmanuel Macron en 2017 repose sur une base sociale particulièrement réduite : les 66 % de voix obtenues au second tour s'expliquent davantage par le rejet de Marine Le Pen que par l'adhésion au projet du candidat de La République en marche. La base de ses soutiens réels se saisit beaucoup mieux dans les 24 % de suffrages obtenus au premier tour et dans les 22 % aux élections européennes de 2019. Il semble difficile d'espérer une meilleure confiance dans les institutions quand les responsables politiques qui en sont à la tête ne jouissent de l'adhésion que d'une toute petite partie de la population française.

Une cause structurelle : un défaut de protections institutionnelles

Outre ce facteur – typiquement français –, une autre explication de la dynamique de défiance réside dans l'évaluation de la performance de nos institutions. Tout bien considéré, pourquoi avons-nous confiance en celles-ci ? Nous fondons-nous à cet égard sur leur probité ? Certes, nous l'avons vu dans les précédents paragraphes. Mais là n'est finalement pas l'essentiel. Nous avons confiance dans nos institutions pour ce qu'elles nous apportent, ou plutôt ce qu'elles sont censées nous apporter : du bien-être et de la sécurité existentielle. Nous jugeons nos institutions sur leurs performances, et cela semble finalement bien normal.

Plusieurs études ont constaté que la crise de 2008 avait entraîné dans de nombreux pays une baisse assez exceptionnelle de la confiance manifestée dans les institutions politiques nationales[1]. Lorsque les citoyens ont l'impression qu'elles n'accomplissent plus leur mission première – les protéger –, cette confiance s'enraye durablement.

Or, à cet égard, il faut bien avouer qu'un problème majeur se pose. Le sentiment d'évoluer dans un environnement de plus en plus incertain est manifeste dans nos sociétés occidentales, et notamment au sein de la population française : 68 % de nos concitoyens sont d'accord avec

1. Yann Algan, Sergei Guriev, Elias Papaioannou et Evgenia Passari, « The European trust crisis and the rise of populism », *Brookings Papers on Economic Activity*, vol. 48, n° 2, automne 2017, p. 309-400 ; Marta Kolczynska, Paul-Christian Bürkner, Lauren Kennedy et Aki Vehtari, *art cit.*

l'idée qu'« en France, c'était mieux avant[1] ». Ce phénomène ne date pas d'aujourd'hui : déjà, en 2006, selon l'Eurobaromètre de la Commission européenne, 76 % d'entre eux craignaient que la situation de leurs enfants ne soit moins bonne que la leur. Depuis les années 1980, la mondialisation a entraîné un bouleversement majeur dans les sociétés occidentales, caractérisé par un déclin progressif des différentes institutions, et notamment de celles censées assurer la sécurité existentielle des individus dans la cité.

Avant cette période, chacun devait se conformer au moule de la société, sans pour autant que celui-ci lui convienne parfaitement. Dans cette perspective, la vague libérale constatée à partir des années 1980 a pu être perçue avec enthousiasme comme

1. Données de l'enquête « Fractures françaises », *op. cit.*

constituant une source d'émancipation : chaque individu pouvait désormais se défaire de son milieu d'origine et gravir l'échelle sociale. Mais ce rêve de liberté s'est accompagné d'une remise en question des institutions qui étaient censées lui garantir une sécurité existentielle. Les protections sociales de la société salariale se sont peu à peu étiolées dans un contexte de chômage de masse.

Si certaines personnes bénéficient de ce libéralisme en arrivant à des positions sociales qu'elles n'auraient pu espérer atteindre dans le système précédent, d'autres au contraire en pâtissent sévèrement. Celui qui reste sur le bord du chemin souffre d'une double absence. D'un côté, l'absence de supports sociaux ne permet pas de se construire en tant qu'individu. L'exemple type est celui du chômeur qui, en raison du délitement de la Sécurité sociale, manque de ressources pour se réaliser comme l'individu qu'il souhaiterait être. D'un autre côté, l'injonction sociale à s'en sortir par soi-même le place devant sa propre incapacité et rejette sur lui la responsabilité d'un échec dont il n'est pourtant pas l'unique responsable.

Derrière le mythe de l'autoentrepreneur se cache en réalité le chauffeur de VTC se demandant chaque jour si son activité du lendemain sera suffisante pour subvenir à ses besoins et à ceux de sa famille. Nous sommes dans une époque de peur sociale, de montée des incertitudes, comme le disait déjà très justement Robert Castel il y a plus de dix ans[1]. Et cette angoisse du lendemain concerne également tous ceux qui n'ont pas été affectés *in concreto* par le déclin des protections sociales mais qui craignent de l'être à leurs dépens, tous

---

1. Robert Castel, *La Montée des incertitudes. Travail, protection, statut des individus*, Paris, Seuil, 2009.

ces individus que l'on retrouve dans la fameuse « France périphérique » analysée par Christophe Guilluy[1] et qui constituent la grande masse des « défiants ». En détruisant les protections associées aux collectifs, la « société liquide[2] » actuelle place l'individu devant une incertitude existentielle difficilement supportable.

Comment ne pas comprendre que ce sentiment de délitement général des protections, cette peur du déclassement tant économique que culturel, viscérale chez bon nombre de nos compatriotes, se traduise par un rejet massif des institutions jugées responsables de ce délaissement complet des citoyens qu'elles étaient pourtant censées protéger ?

---

1. Christophe Guilluy, *La France périphérique. Comment on a sacrifié les classes populaires*, Paris, Flammarion, 2014.
2. Zigmunt Baumann, *Le Présent liquide. Peurs sociales et obsessions sécuritaires*, Paris, Seuil, 2007.

Chapitre 6
Du cercle vicieux de la défiance au cercle vertueux de la confiance

Au fil de ces pages, nous avons vu que la défiance envers les institutions politiques était un phénomène dramatique, entraînant une multitude d'effets corrosifs pour notre démocratie, que vient synthétiser le graphique 11. Dans la crise sanitaire que nous traversons, les effets de la défiance institutionnelle se sont d'autant plus fait sentir.

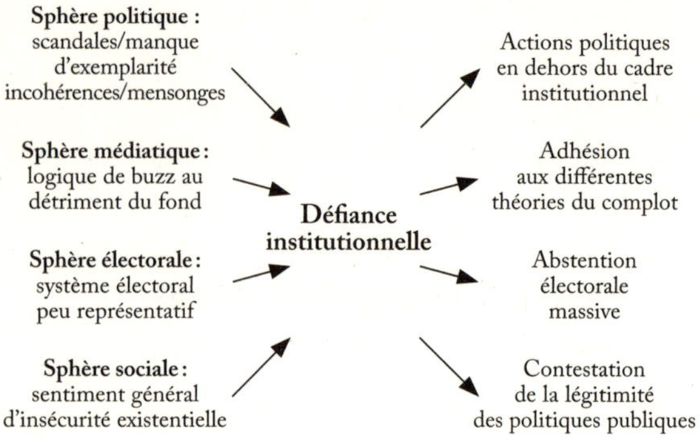

Graphique 11.
Causes et conséquences de la défiance institutionnelle

Les régimes avec de faibles niveaux de confiance institutionnelle ont dû en passer par la coercition pour tenter de faire respecter certaines mesures sanitaires. Celle-ci n'a pas particulièrement porté ses fruits puisque ces dernières ont été plutôt moins bien respectées que dans les pays à hauts niveaux de confiance. La mortalité s'est avérée également supérieure et, logiquement, la satisfaction de la population concernant la façon dont le gouvernement a géré l'épidémie a été plus faible. Mais comment transformer ce cercle vicieux en un cercle vertueux ? Quatre éléments semblent indispensables.

Vers une nouvelle éthique politique

La première exigence est peut-être la plus évidente : notre classe politique se doit d'être le plus exemplaire possible. Cela signifie évidemment ne pas abuser de son pouvoir pour obtenir des passe-droits et des privilèges. Cela veut dire également de ne pas être impliquée dans des scandales tant financiers que politiques, lesquels provoquent au sein de la population un dégoût qui dépasse largement la personne du représentant politique incriminé, pour rejaillir sur les institutions en général. De l'affaire Penelope Fillon au scandale concernant Dominique Strauss-Kahn en passant par les multiples affaires impliquant Nicolas Sarkozy, ces comportements sapent durablement la confiance des Français dans leurs institutions politiques.

Tout cela est vrai mais l'exigence d'exemplarité va bien au-delà de ces préalables indispensables : pour restaurer la confiance dans les institutions, une nouvelle éthique de la politique est nécessaire. Les coups de communication, les revirements incessants dans la parole publique, les promesses électorales que l'on sait intenables, tout cela est monnaie courante dans la vie politique. Ces vues électoralistes de court terme constituent une vraie menace pour nos institutions, contribuant à laisser penser que la parole politique n'a aucune valeur. La nouvelle éthique politique devrait ainsi être celle de la sobriété plutôt que celle des discours grandiloquents sans lendemain.

La responsabilité médiatique

Le cénacle politique partage largement la responsabilité de la défiance avec le champ médiatique. De nombreuses études ont en effet montré que la communication des représentants politiques, basée sur les petites phrases et la surenchère permanente, avait pour but de capter l'attention de médias de plus en plus tournés vers ce type de traitement de l'information et de la politique[1]. L'inversion de la dynamique ne pourra advenir sans une prise de conscience de l'impact médiatique sur la confiance institutionnelle.

À l'heure actuelle, beaucoup de discours se focalisent sur le rôle des réseaux sociaux, potentiellement

---

1. Pour une présentation exhaustive de ces phénomènes, lire la synthèse de Jacques Gerstlé et Christophe Piar, *La Communication politique*, 4e éd., Paris, Armand Colin, 2020.

néfastes pour la démocratie en raison d'un contenu assez pauvre, souvent fallacieux et extrêmement polarisé. Cela est vrai, mais il ne faudrait pas oublier que la population utilise bien plus les médias « classiques », et en premier lieu la télévision, qu'Internet et les réseaux sociaux pour s'informer. Par ailleurs, dans une logique d'hybridation du système médiatique bien connue, ce sont souvent des extraits d'émissions télévisées que l'on retrouve sur les réseaux sociaux.

Il est donc impératif que les médias classiques, et en particuliers télévisuels, saisissent bien que la façon dont ils traitent l'information et la politique a des implications décisives. L'information et la politique ne peuvent pas être que du buzz, du *clash*, de la mise en scène de controverses personnelles sous prétexte que cela génère de l'audience. Si les médias se focalisent sur les questions de fond plutôt que sur le vernis communicationnel, ils forceront les représentants politiques à faire de même et la confiance des citoyens dans leurs institutions ne s'en portera que mieux. Cela ne signifie pas que ces contenus doivent être austères, mais que les médias classiques ont le devoir de réfléchir à de nouveaux formats permettant d'intéresser les populations les plus éloignées de la politique (les jeunes, notamment) tout en garantissant un haut niveau informationnel.

Assurer une meilleure représentation des citoyens

Afin que la confiance des citoyens dans leurs institutions soit restaurée, il est indispensable que la voix de chacun soit davantage prise en compte. Dans cette perspective, deux pistes complémentaires sont envisageables. Tout d'abord, il semble nécessaire d'associer des dispositifs participatifs à nos institutions. Les études sur le sujet montrent en effet qu'il est faux de croire que les jeunes générations ne sont pas intéressées par la politique. Ces nouveaux citoyens manifestent une très grande appétence pour la participation directe, alors qu'ils sont plus défiants envers les formes traditionnelles de délégation du pouvoir[1].

Il faut donc multiplier les mécanismes permettant d'associer les citoyens « ordinaires » à la prise de décision publique. À titre d'exemple, un dispositif délibératif comme la Convention citoyenne sur le climat, aussi imparfait qu'il ait pu être, a été jugé légitime par une grande partie des Français[2].

---

1. Vincent Tiberj, *Les citoyens qui viennent. Comment le renouvellement générationnel transforme la politique en France*, Paris, Presses universitaires de France, 2017.
2. Institut Elabe, enquête « Convention citoyenne pour le climat, qu'en pensent les Français ? », juin 2020.

Si créer des mécanismes délibératifs est une première piste d'action, celle-ci doit être complétée par une réforme profonde du système électoral français, afin que l'élection du président de la République et du Parlement repose sur un socle politique plus étendu, ce qui assurerait à ces institutions une plus forte légitimité. Sans toucher au mode d'élection du président de la République, il semble indispensable que les élections législatives aient lieu le même jour afin de recentrer la place du Parlement dans la vie politique. Cela passe également par l'instauration d'une dose de proportionnelle lors des législatives de façon à corriger les effets du mode de scrutin majoritaire.

Le rapport de force issu du premier tour des législatives et de la présidentielle obligerait ainsi les partis à négocier réellement entre les deux tours afin de faire émerger une majorité politique au second.

Un gouvernement représentant davantage les équilibres politiques réels serait formé, diminuant la défiance générale de l'électorat. Cette solution allierait ainsi stabilité institutionnelle et meilleure représentativité démocratique.

Réformer le système social français

Il faut enfin bien prendre conscience qu'avant toute chose, les institutions politiques sont jugées sur leurs résultats. La confiance placée en elles est forte lorsqu'elles donnent à chaque citoyen le sentiment qu'elles sont en mesure d'assurer sa sécurité existentielle, et ce, tout au long de sa vie. C'est entre deux écueils que nous devons ainsi naviguer. Le premier serait celui de la libéralisation totale du monde du travail et de la destruction de toutes les protections qui y sont associées sans comprendre qu'elles s'accompagnent d'une insécurité existentielle chez un nombre considérable de nos concitoyens. Ce sentiment entraîne chez eux une défiance grandissante envers des institutions politiques jugées à juste titre incapables de les protéger et leur rejetant au visage la responsabilité de leur échec. Le second écueil serait à l'inverse d'idéaliser la société salariale des Trente Glorieuses et de vouloir absolument y revenir. Car si elle assurait une place à chaque individu, celui-ci n'était pas libre de la choisir.

Nous devons donc évoluer vers un système social alliant une liberté de mouvement optimale pour chaque citoyen, lui permettant d'évoluer à sa guise dans la société, et de réelles protections face à des accidents de parcours finalement inévitables et qui n'incombent pas à la seule responsabilité individuelle. À cet égard, les pays nordiques sont indéniablement une source d'inspiration, en ce qu'ils associent une liberté de choix de profession et d'évolution professionnelle et un État providence extrêmement puissant protégeant les citoyens des imprévus de l'existence. Sans surprise, ce système de protection sociale garantissant à la fois liberté et sécurité du parcours professionnel aboutit à des niveaux de confiance dans les institutions politiques extrêmement élevés.

Table des matières

La Clairière des LIVRES

Pour chaque titre d'un livre imprimé, un arbre est planté dans une forêt de 15 hectares en Centre Bretagne.

www.typolibris.fr (by Printcorp)

Pour limiter l'empreinte environnementale de leurs livres, les éditions de l'Aube font le choix de papiers issus de forêts durablement gérées et de sources contrôlées.

Achevé d'imprimer en février 2021
par l'imprimerie Printcorp
pour le compte des éditions de l'Aube
331, rue Amédée-Giniès,
F-84240 La Tour d'Aigues

Numéro d'édition : 4320
Dépôt légal : mars 2021
Numéro d'impression : 21010425

Imprimé en Europe